INTRODUCCIÓN

¿Por qué también compraste este libro?

Lo compraste porque te apasiona saber acerca del bajo. Y nos da gusto, ¡es un instrumento fabuloso!

Suponemos que ya has finalizado (y revisado miles de veces) **Bajo 1 FastTrack.** De lo contrario, te aconsejamos revisarlo. (No nos gustaría tratar algo antes de que estés preparado).

De todas maneras, este libro continúa donde finalizó el **Libro 1.** Aprenderás muchas notas más, algunas escalas y riffs, y un montón de canciones padres. Y, por supuesto, la última sección de todos los libros de **FastTrack** es igual, ¡Para que tú y tus amigos puedan formar una banda e improvisar juntos!

Entonces, si te sientes preparado para este libro, termina la pizza, saca el gato, desconecta el teléfono y vamos a improvisar …

Siempre recuerda que hay que **tener paciencia, practicar** y **avanzar a tu propio ritmo.** Agregaremos uno más a la lista: siéntete **orgulloso de ti mismo** para lograr un buen trabajo.

ACERCA DEL AUDIO

Nos da gusto que hayas notado el beneficio adicional de este libro, ¡Audio! Cada ejemplo musical del libro está incluido en el audio para que puedas escuchar como suena y toques con el audio cuando estés listo. Escúchalo cada vez que veas este símbolo: 1

Antes de cada ejemplo en el audio hay un compás de "tictac" para indicar cuál es el tempo y el compás. Mueve el ajuste de señal a la derecha para oír la parte de la guitarra enfatizada. Mueve el ajuste a la izquierda para oír solamente el acompañamiento. A medida que te sientas más seguro, trata de tocar junto con el resto de la banda. (Recuerda utilizar la pista 1 [♦] del audio para ayudarte a afinar antes de tocar.)

Para acceder el audio por favor visitar:
www.halleonard.com/mylibrary

4230-2718-3550-7070

7777 W. BLUEMOUND RD. P.O. BOX 13819 MILWAUKEE, WI 53213

Visita Hal Leonard en Internet:
www.halleonard.com

Contáctenos:
Hal Leonard
7777 West Bluemound Road
Milwaukee, WI 53213
Email: info@halleonard.com

En Europa, contáctenos:
Hal Leonard Europe Limited
42 Wigmore Street
Marylebone, London, W1U 2RN
Email: info@halleonardeurope.com

In Australi, contáctenos:
Hal Leonard Australia Pty. Ltd.
4 Lentara Court
Cheltenham, Victoria, 3192 Australia
Email: info@halleonard.com.au

LECCIÓN 1

¡Ponte en ritmo!

Vamos a comenzar con algo divertido y fácil: tocar algunos ritmos básicos utilizando varios de los elementos que aprendimos en el Libro 1. Por supuesto, no seremos redundantes al revisar conceptos viejos, también agregaremos algunos nuevos. Comencemos ...

Sigue tus conceptos básicos ...

Como ya has aprendido en el Libro 1, muchas de las líneas de bajo simplemente siguen las notas bases de las progresiones de acordes. Hazlo con la pista 2.

> RECUERDA: La nota base (tónica) es la que tiene el mismo nombre que el acorde. Do es la nota base del acorde Do.

◆ 2 All Along the Sidewalk

Agregando la quinta y la octava ...

Además de la tónica, la **quinta** y **la octava** se utilizan con frecuencia para crear muchas líneas de bajo estándar. (Repito, después del Libro 1, ¡esto no es nada nuevo para vos!)

◆ 3 It Used to Be Mine

¿Te acuerdas del concepto rítmico de tocar "fuera de tiempo"? Aquí tienes un riff utilizando síncopas …

ES BUENO QUE LO SEPAS: El símbolo "N.C." en el ejemplo a continuación es la abreviatura de "sin acorde". Como te imaginarás, significa que no se toca un acorde específico.

4 S.O.S.

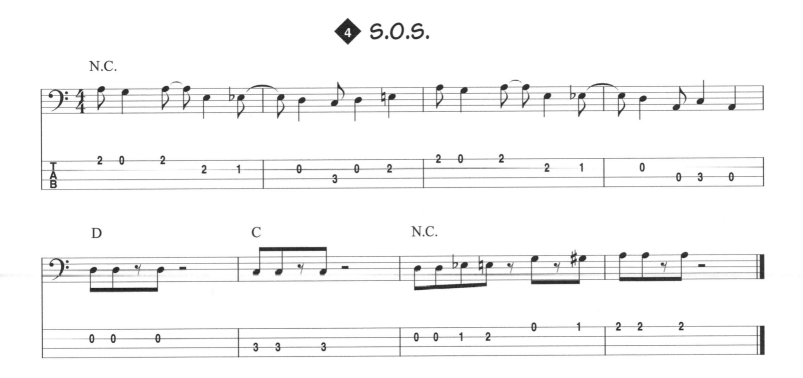

Acordes con cejilla

Estos son acordes que indican que se va a tocar una nota base específica. Por ejemplo, Do/Sol significa tocar un acorde Do sobre una nota base Sol. (¡La banda toca el acorde, tu tocas la nota base!)

RÁPIDO Y FÁCIL: Cuando veas una barra oblicua en un símbolo del acorde, toca la nota a la derecha de la barra oblicua.

5 Another Hue

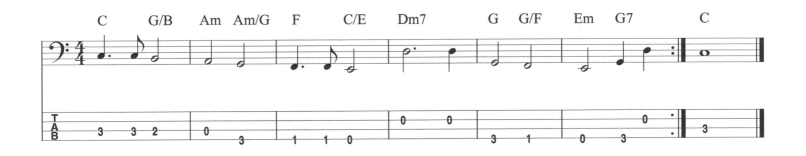

No todas las notas se han de tocar de la misma manera. Aquí hay un par de variaciones ...

Staccato

Un **"puntillo" staccato** ubicado cerca de la cabeza significa tocar la nota corta. En otras palabras, deja de presionar la nota en el traste inmediatamente después de tocarla para evitar que siga sonando. Escucha la pista 6 para ver cómo suena.

6 ◆ Bridge

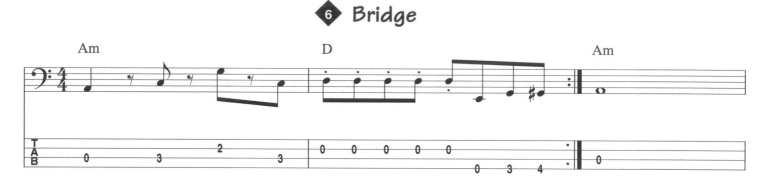

CONSEJO PARA TOCAR: ¡No levantes tu dedo de la cuerda!
Sólo deja de hacer sonar la nota liberando la presión sobre la cuerda.

Amortiguar las cuerdas

El símbolo "P.M." debajo de las notas (entre el pentagrama y TAB) es la abreviatura de **amortiguar las cuerdas con la palma de la mano**. Esto se realiza usando la palma de tu mano para amortiguar (o "callar") las cuerdas. Si lo haces correctamente, notarás un sonido más fuerte y de percusión.

NOTA: El amortiguado de las cuerdas con la palma de la mano funciona mejor para bajistas que tocan con púa.

7 ◆ Muted Groove

Aprenderemos más variaciones de tocado a medida que avancemos en el libro, pero ¡NO TE SALTEES NADA!

LECCIÓN 2

Volviendo a lo básico...

Muy brevemente, vamos a revisar la posición de las notas que aprendimos en el Libro 1 (y agregaremos algunos toques finales) ...

Revisión de la primera posición

El área del mástil desde las cuerdas al aire al traste 4 se llama **primera posición**. El diagrama y el esquema de las notas a continuación abarcan todas las notas de esta área.

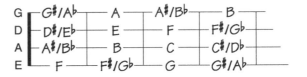

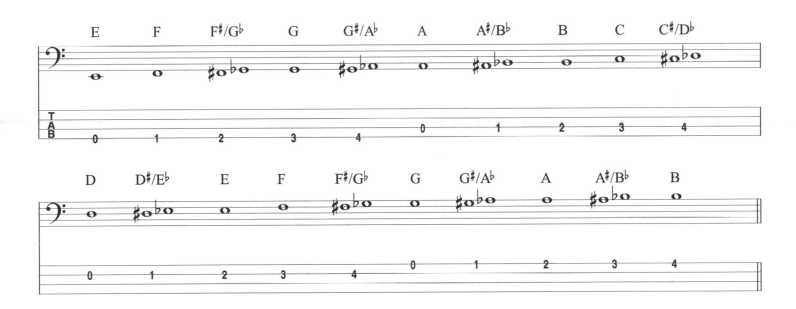

IMPORTANTE: Algunas notas pueden tener diferentes nombres pero ocupan el mismo traste (por ejemplo, Fa# y Sol♭). A éstas se las denomina **equivalentes enarmónicos**. Se acepta cualquier denominación (nombre de la nota).

Vamos a practicar algunas líneas de bajo usando las notas de la primera posición ...

◆ 8 Blues-Rock

Aquí hay algunas más en primera posición ...

9 Anthem Rock

NOTA: La canción que sigue tiene una **1ra** y una **2da conclusión** (los corchetes -horizontales- y los números "1" y "2" marcan estas conclusiones). Toca la canción una vez hasta llegar al signo de repetición (1a conclusión), luego repite todo hasta el compás número 2. La segunda vez que toques todo, te saltas la 1a conclusión y tocas la 2a (y última) conclusión.

10 Hey, Jim

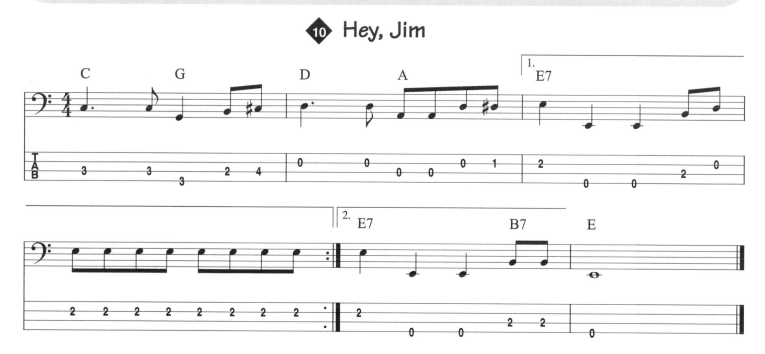

No te preocupes por los símbolos de los acordes que no reconozcas—explicaremos algunos de ellos más adelante. Tu mayor preocupación en este momento son las notas.

11 All That Jazz

UN TANTITO MÁS RÁPIDO AHORA

¿Qué pasa si quieres tocar más rápido que las corcheas pero en el mismo tempo? Bienvenido al mundo de las semicorcheas.

Las semicorcheas

Estas notas tienen doble barritas o doble corchete para unirlas: ♪ ♪ ♪ ♪ = 𝄘

Los silencios de semicorchea se parecen a los silencios de corcheas pero (¡ya lo sabes!) con dos rayitas: 𝄾

¡Puaj!, más matemáticas ...

Dos semicorcheas equivalen a una corchea (igual que las fracciones), y cuatro semicorcheas equivalen a una negra. Aquí tienes un diagrama que muestra la relación de todos los valores rítmicos que has aprendido:

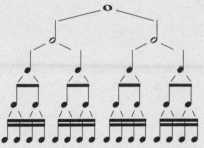

Para contar las semicorcheas, divide cada tiempo en cuatro, contando "1 e y a, 2 e y a, 3 e y a, 4 e y a":

1 e y a 2 e y a 3 e y a 4 e y a

Escucha la banda 12 del audio (con un pulso [tictac] de negra regular) para escuchar este ritmo nuevo y más rápido.

⑫ Progressively Faster

N.C.

cuenta: 1 (y) 2 (y) 3 (y) 4 (y)   1 y 2 y 3 y 4 y   1 e y a 2 e y a 3 e y a 4 e y a   1 (2, 3, 4)

Ahora intenta tocarlo. Recuerda tocar lentamente al principio y acelera el tempo sólo si te resulta fácil.

Es un tantito difícil a la derecha, ¿no? SOLUCIÓN FÁCIL: alterna los rasguidos hacia abajo (⊓) y hacia arriba (V), o alterna usando los dedos 1 y 2.

⑬ Nice Pants

⑭ Machine-Like

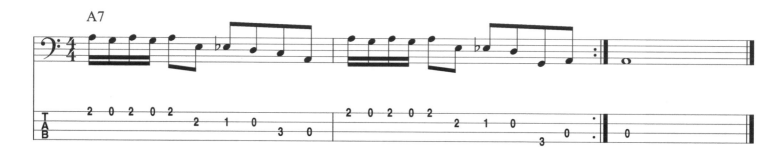

Generalmente encontrarás dos semicorcheas unidas a una corchea con una barrita, como en la banda 15:

⑮ Ridin' the Bus

Regularmente nos gusta descansar, y esta no es una excepción. Tómate cinco minutos y volveremos para la Lección 3.

LECCIÓN 3

Tonalidades, por favor ...

La **tonalidad** de una canción se determina según la escala utilizada para crear la canción. Por ejemplo, una canción basada en una escala de Do mayor se dice que está en la **tonalidad de Do**. Ya te hemos enseñado acerca de las escalas en el Libro 1, así que vamos a prestar mayor atención a la manera en que las escalas se relacionan con las tonalidades ...

Sostenidos y bemoles son inevitables ...

Según la tónica utilizada, la mayoría de las escalas contienen sostenidos y bemoles. (Existen dos excepciones: **Do mayor** y **La menor** no tienen sostenidos ni bemoles.) Debido a que las tonalidades y las escalas se relacionan, una tonalidad tendrá el mismo número de sostenidos o bemoles que su escala correspondiente.

Regístrate, por favor ...

Una **armadura de la clave** se utiliza al comienzo de cada línea musical para determinar dos cosas importantes:

 Las notas a tocarse sostenida o bemol en toda la pieza

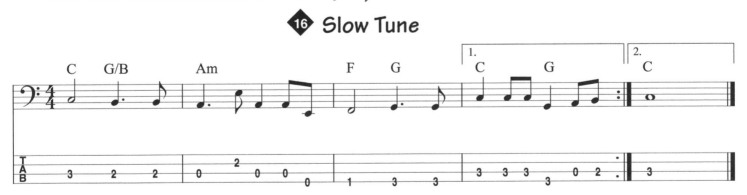

armadura de la clave

2 La tonalidad de la canción

Por ejemplo, la tonalidad de Sol contiene Fa♯, por lo tanto, su armadura de la clave tendrá un sostenido en la línea de Fa. Esto te indica tocar todas las notas Fa como Fa♯ (al menos, por supuesto que veas un signo becuadro ♮).

Aquí tienes algunas tonalidades comunes (y fáciles) ...

Tonalidad de Do

Ésta está basada en la escala de Do mayor que no tiene sostenidos ni bemoles.

16 **Slow Tune**

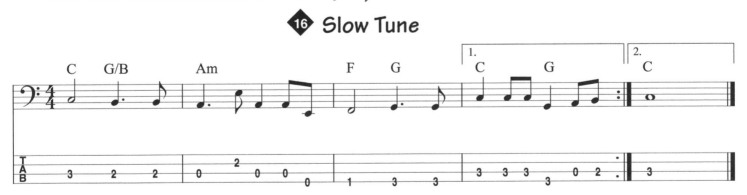

NOTA: La tonalidad de Do pareciera no tener armadura de la clave, ya que no hay sostenidos ni bemoles.

...basado en la escala de Sol mayor que tiene un sostenido — Fa#:

17 Improvisación en Sol

Tonalidad de Fa

...basado en la escala de Fa mayor que tiene un bemol — Si♭:

18 Jamaican Groove

¡Qué diablos! — aquí tienes una más ...

Tonalidad de Re

Ésta tiene dos sostenidos (Fa# y Do#) y se basa en (¡adivinaste!) la escala de Re mayor:

19 Pop-Rock

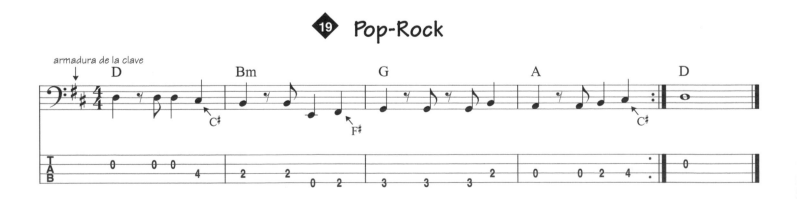

LECCIÓN 4
Sabes de blues ...

Si nunca escuchaste hablar de **blues**, ¿dónde vives? El blues ha recorrido el mundo y muchos músicos legendarios como B.B. King, Eric Clapton y Muddy Waters lo han tocado. El Blues es divertido (y fácil) de tocar.

Forma de 12 compases

El Blues más común utiliza una forma llamada **forma de 12 compases**. Esto no significa que la canción tiene solamente una extensión de 12 compases. Por el contrario, la canción utiliza varias frases (o secciones) de 12 compases que se repiten una y otra vez.

Generalmente, los blues utilizan sólo tres acordes: el **primer, cuarto** y **quinto** acorde de la clave (se indican con los números romanos I, IV y V). Por lo tanto, es importante que un bajista conozca la primera, cuarta y quinta nota de la escala de la tonalidad. Para encontrar estas tres notas, cuenta en forma ascendente desde la nota base de la tonalidad:

Tonalidad	Acorde / Grado de la escala							
	I			IV	V			
Blues en "Do"	Do	Re	Mi	Fa	Sol	La	Si	Do
Blues en "Fa"	Fa	Sol	La	Sib	Do	Re	Mi	Fa
Blues en "Sol"	Sol	La	Si	Do	Re	Mi	Fa#	Sol
Blues en "Re"	Re	Mi	Fa#	Sol	La	Si	Do#	Re

Escucha el siguiente ejemplo de un blues de 12 compases en "Sol" en la pista 20. Luego sigue los símbolos de los acordes y toca junto con tu propia línea de bajo ...

20 Blues en Sol

IMPORTANTE: Observa el número de compases que se toca cada acorde durante la forma de 12 compases. Esta es la progresión de acordes más común de blues de 12 compases ...

Acorde		Compases
I	=	cuatro
IV	=	dos
I	=	dos
V	=	uno
IV	=	uno
I	=	dos

Vuelve, ponte derecho y toca...

A los dos últimos compases de la progresión de blues de 12 compases a veces se los denomina **vuelta**, ya que "vuelven" al primer compás "alrededor" del comienzo. Los músicos a menudo varían la vuelta, usando diferentes acordes, o hasta un riff escrito. (Este es un buen momento para agregar algunas quintas u octavas.)

La variación más común de la vuelta utiliza el acorde de V (dominante) en el último compás como se muestra en el ejemplo:

21 Riff Blues

Otra variación utiliza el acorde de IV (subdominante) en compás 2. Esto se denomina **cambio rápido**, ya que la progresión de los acordes "cambia" al acorde de IV y "rápidamente" regresa al acorde de I (tónica).

22 Quick Change Artist

¡SILENCIO Y "SHUFFLE"!

El **efecto "shuffle"** es un elemento muy común del rock, blues, pop y jazz. Utiliza un valor rítmico nuevo llamado **tresillo.**

Tresillos

Hasta ahora sabes que dos corcheas equivalen a una negra y cuatro corcheas equivalen a una blanca. ¿Adivina? Tres corcheas tocadas en la duración de un tiempo (o una negra) es un **tresillo de corcheas.**

Un tresillo está unido con un número 3:

Para contar un tresillo, simplemente di la palabra "tre-si-llo" durante un tiempo. Golpea con el pie el tiempo y cuenta en voz alta a medida que escuchas la pista 23:

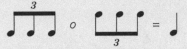

Tre-si-llo

cuenta: 1 y 2 y tre-si-llo   4 y   tre-si-llo   tre-si-llo   3 y 4 y   1 y 2 y tre-si-llo   4 y

Continúa golpeando el pie y sigue la próxima línea de base:

Minor Bird Blues

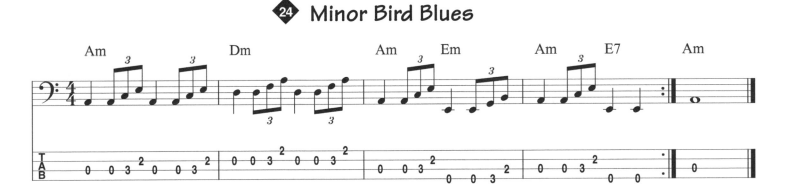

Ahora intenta tocarlo. Pensando "tre-si-llo, tre-si-llo, tre-si-llo, tre-si-llo" a medida que golpeas el pie al tiempo ...

También puedes usar la palabra "cho-co-late" para ayudarte a contar los tresillos. (¡Por supuesto, esto puede darte hambre después de contar una larga canción!)

Los tresillos también pueden incluir silencios. Lo más común es tener un silencio dentro de un tresillo (entre dos corcheas):

Una vez que le agarras la onda a esta sensación "movida", nunca te lo olvidarás …

26 Shuffle Groove

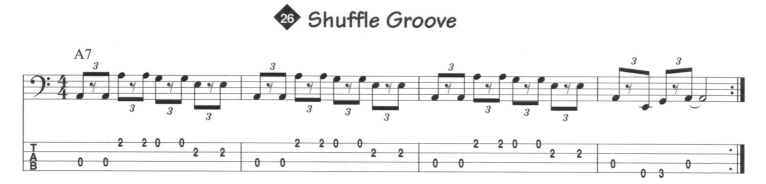

Dicen que todo es más grande en Texas, así que para la próxima … ¡SUBE EL VOLUMEN!

27 Texas Blues

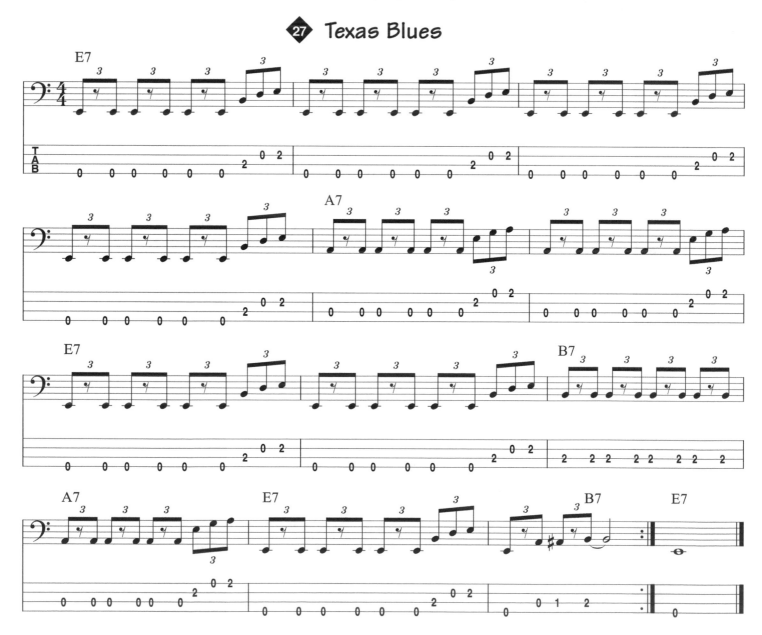

¿3/4, 4/4, 12/8?

Hasta esta página, has tocado con compases en los que la negra equivale a un tiempo. Vamos a aprender algo nuevo (¡cambiar es bueno!):

12 tiempos por compás
una corchea (1/8) = un tiempo

Todas las notas y silencios son relativos al valor de una corchea en un compás de 6/8.

corchea = un tiempo   negra = dos tiempos   negra con puntillo = tres tiempos

En el compás de 12/8, una corchea equivale a un tiempo y hay *doce tiempos por compás*. Pero el **pulso** rítmico suena como si hubiera solamente cuatro tiempos por compás. Escucha y cuenta durante la pista 28, y verás a qué nos referimos:

cuenta: **1**   2   3,   **4**   5   6   (7 8)   **9,**   **10**   11   12

Ahora intenta algunas líneas de bajo en tu nuevo compás …

29 Delta Blues

30 Shuffling in Chicago

ESCUCHA Y COMPARA: La sensación rítmica de las bandas 30 y 27 (de la página anterior) es similar. Esto es porque el compás de 12/8 está dividido en grupos de tres corcheas, igual que los tresillos en el compás de 4/4.

LECCIÓN 5
Un tantito más alto ...

En la Lección 2 revisamos todas las notas en primera posición. Por supuesto, no todas las canciones se pueden tocar en esa posición, por eso vamos a aprender algunas notas más altas ...

Quinta posición

Para tocar notas arriba del traste 4 necesita deslizarse hasta la **quinta posición**, nombre adecuado ya que te mueves hacia arriba hasta el **quinto** traste.

hacia arriba del mástil y coloca tu dedo 1 en el traste 5 para tocar el Do alto.

NOTA: Para ayudarte a encontrar rápidamente esta posición, notarás un pequeño puntillo blanco en el traste 5 de tu mástil. Es más fácil que contar, ¿no es así?

Ahora tómate cinco minutos para revisar el diagrama de abajo. Asegúrate de aprender bien la posición de las notas en el diapasón y el pentagrama. (Cuéntale a tus dedos lo que tocas—di cada nota en voz alta a medida que la presionas.)

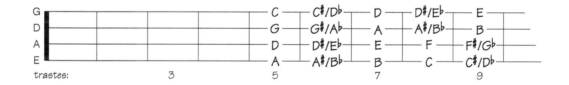

🔷31 Fifth Position Chromatics

¡No tan rápido—revísalo nuevamente!

Para entender mejor esta nueva posición, intenta algunas escalas …

32 ◆ Escala de Do mayor

33 ◆ Escala de La menor

Las escalas son un buen ejercicio pero los riffs suenan mejor aquí …

34 ◆ Water Chestnut

El próximo utiliza una cuerda al aire (Mi grave) mientras que tu mano izquierda permanece en la quinta posición para el resto del riff:

35 ◆ Zodiak

Inténtalo despacio y con alegría, ¡así no te sientes frustrado!

Cuando cambiar ...

En general, si vas a tocar arriba y agudo durante un rato, permanece en la quinta posición. Demasiados cambios innecesarios te cansarán (y suena torpe).

Si no tienes TAB para mostrarte las posiciones correctas para tocar una canción, es buena idea estudiar cada canción antes de tocarla y marcar los lugares apropiados para cambiar posiciones. Los músicos generalmente utilizan números romanos (I y V) para marcar estos lugares, hagámoslo nosotros también ...

36 King of Spades

Limpísimo ...

Puedes notar que tu mano hace un sonido "chirriante" cuando te mueves entre las posiciones. No te preocupes. De hecho, notarás que este sonido es bastante común en casi todas las grabaciones de pop y rock. Pero no te ampolles—libera la presión de la mano izquierda al moverte entre las posiciones.

Tómate un descanso: llama a un amigo y hazle aprender otro instrumento de **FastTrack.** Pero no marques tan rápido ... ¡se supone que debes descansar tus dedos!

LECCIÓN 6

La forma de las cosas que vendrán ...

Para crear tus propias líneas de bajo, necesitas aprender más sobre los acordes—qué notas se relacionan con qué acordes ... ¡y porqué!

Primero lo primero ...

Generalmente, los guitarristas y tecladistas tocan los acordes de una canción. Los bajistas (normalmente) no lo hacen—sin embargo, tocan acordes "partidos", o las notas de un acorde por vez. (Esto se denomina un **arpeggio**, si prefieres el italiano.)

Cada arpegio que tocas tiene un **forma móvil**. Esto es, puedes utilizar la misma posición de la mano y tocar hacia arriba o abajo del mástil de tu bajo para acomodarse cualquier acorde o tonalidad. El esquema del diapasón a continuación te da todas las notas en los primeros doce trastes de las cuerdas 3 y 4:

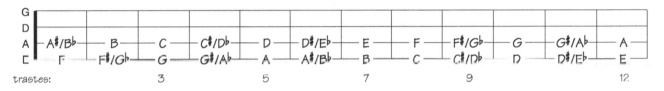

Vamos a aprender más formas y a probar esta teoría "móvil" ...

Formas de la octava

La forma más importante es la octava (como ya sabes, es ocho notas desde la tónica). Toda nota tiene una octava abajo o arriba (o ambas).

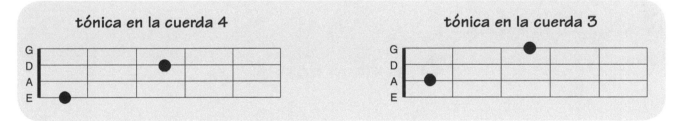

Ahora, aplica la **teoría de la forma móvil**. Ubica el Do en cualquier cuerda, 3 o 4, y aplica la forma correcta desde arriba. Toca cada nota (una octava en Do). Ahora sube dos trastes hasta Re y toca ambas notas (una octava en Re). Ahora aplica esto a una línea de bajo:

37 Easy Octave

Formas del acorde mayor

Los acordes mayores contienen la **tónica, la tercera** y **quinta** nota de la escala mayor:

Do — Re — Mi — Fa — Sol — La — Si — Do

En el diapasón, estas notas se traducen en nuestra próxima forma de arpegio móvil ...

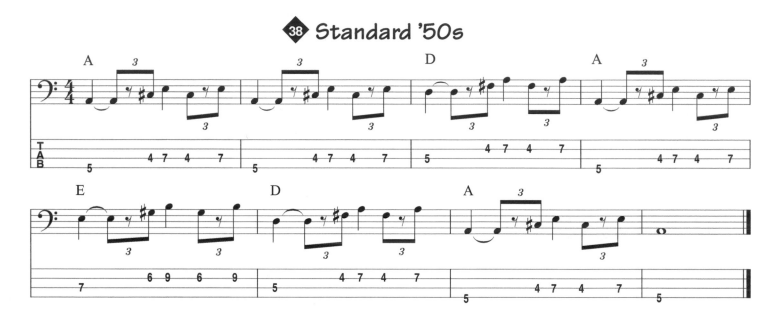

Vamos a practicar algunas líneas de base comunes usando la figura de arpegio del acorde mayor.

38 Standard '50s

39 Medium Rock

Ahora agrega la forma octava ...

Practica más arpegios en los otros acordes mayores. Simplemente encuentra la forma y arrastra tu mano hacia arriba y abajo a la tónica deseada — Fa, Fa#, Sib, Re, etc.

Formas del acorde menor

Los acordes menores contienen la **tónica**, una **tercera menor** y una **quinta** notas de la escala mayor:

Escala mayor: Do—Re—Mi—Fa—Sol—La—Si—Do

Arpegio de acorde menor: Do—Mi♭—Sol

...lo que se traduce en la siguiente forma en el diapasón:

tónica en la cuerda 4

tónica en la cuerda 3

40 Sad Song

La siguiente utiliza la quinta de Dm (la nota La) en las dos posiciones octavadas...

41 Latin Groove

Un poquito más ...

Aquí tienes otras secuencias móviles. No son específicos a un tipo de acorde en particular, ¡sólo suenan muy padres! Mira la forma de cada uno y ten esto a mano en tu "bolso de trucos" al hacer tus propios acompañamientos de líneas de bajo ...

42 Easy Groovin'

43 Wrap It Up

44 Rock 'n' Roll

45 Move Over

¡Hora de otro descanso! Te lo debes a ti mismo (y a tus pobres dedos).
¿¡Tejer sería una linda actividad para este descanso?!

LECCIÓN 7

Golpeando con el baterista ...

Una parte importante de ser un buen bajista es escuchar (y a veces tocar junto con) el baterista. Los dos son los instrumentos básicos de la **sección rítmica**, y es su trabajo construir una base rítmica sólida y segura para el resto de la banda.

Con el bombo

Poner énfasis en el bombo es un buen comienzo. La pista 46 muestra una balada común. Fíjate como el bajo y el bombo enfatizan una secuencia rítmica similar ...

46 Follow the Bass Drum

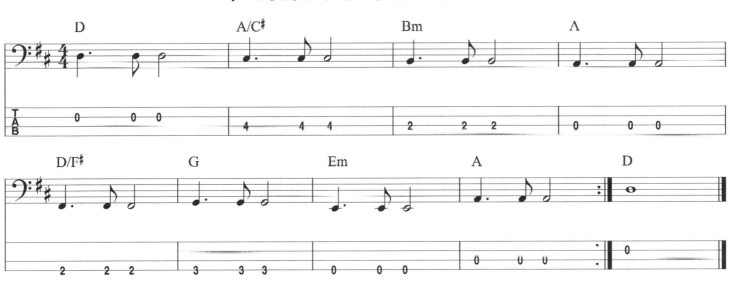

Ahora practica la misma cosa pero con un ritmo de rock más rápido ...

47 Kick It!

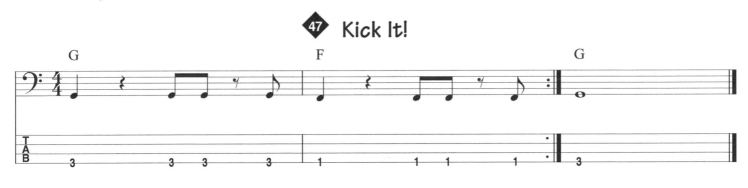

Tócalo otra vez y cambia algunas octavas.

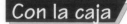

Muchas líneas de bajo alternan con la quinta del acorde a medida que el baterista golpea la caja. Escúchalo en la pista 48 antes de tocarlo tu solo...

◆48 Yer Basic Ballad

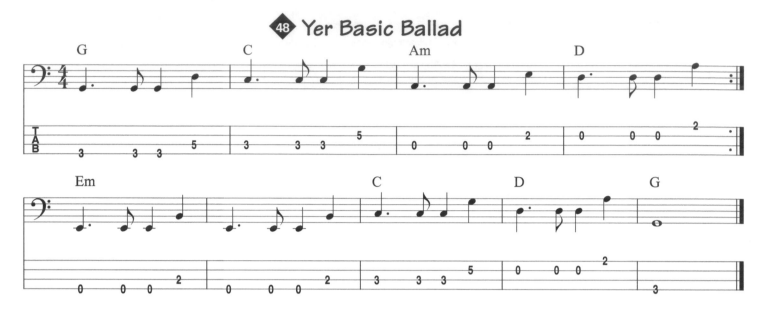

Observa la forma móvil de la próxima línea de bajo—¡otra para tu "bolso de trucos!"

◆49 Bass Ostinato

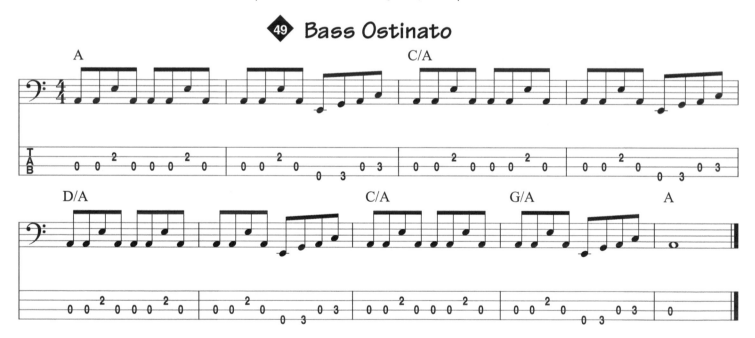

That ain't all...

Explora otras formas de tocar con el baterista. Por ejemplo:

 Toca un salto de octava cada vez que el baterista golpea un platillo crash.

2 Toca corcheas junto con el platillo hi-hat o ride.

3 ¡Deja de tocar! Eso es, no toques nada mientras el baterista golpea la caja.

La anticipación

La anticipación es otro tipo de síncopa. Ocurre cuando la banda (toda junta, no por separado) toca un nuevo cambio de acorde justo antes del tiempo del compás. En otras palabras, el acorde que iba en el "tiempo fuerte" se desplaza al tiempo débil anterior, el acorde se anticipa.

La pista 50 es un buen ejemplo. Presta especial atención al tiempo 4 de los compases 1 y 3. Suena como si el tiempo 1 del siguiente compás se tocara antes …

◆50 Catch the Kicks

◆51 Still Can't Wait

☞ Si hablamos de anticipación, no puedes dejar de comprar el **FastTrack Bass Songbook 2**. Está repleto de hits como "Back in the U.S.S.R.," "Born to be Wild," y "Layla."

LECCIÓN 8

Pongamos ganas ...

Has sido muy paciente aprendiendo tus notas, escalas y secuencias. Ahora es el gran momento de experimentar y aprender algunos "trucos del negocio"—algunas **técnicas de ligado** que probablemente escuchaste pero no sabes cómo hacerlas.

Las técnicas de ligado (o técnicas de "legato", como dicen en Italia) te permiten tocar más de una nota para cada golpe de púa. En otras palabras, podrás pulsar la cuerda una vez y "ligar" dos o más notas, produciendo un sonido suave y fluido. Aquí tienes algunos de las más comunes ...

Arrastre

...se parece a esto:

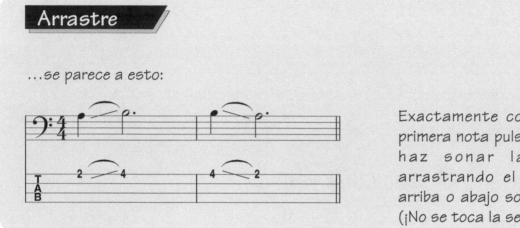

Exactamente como suena—toca la primera nota pulsando la cuerda, luego haz sonar la segunda nota arrastrando el mismo dedo hacia arriba o abajo sobre la misma cuerda. (¡No se toca la segunda nota!)

Ahora practica utilizar arrastres en algunos riffs ...

52 Slidin' and Glidin'

53 My Groove

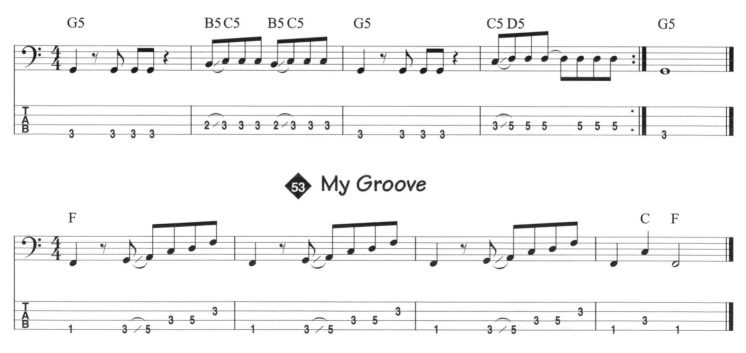

Te llevará algún tiempo agarrarle la onda, no te exijas demasiado.

Ahora practica un arrastre más largo ...

◆54 Wild Slide

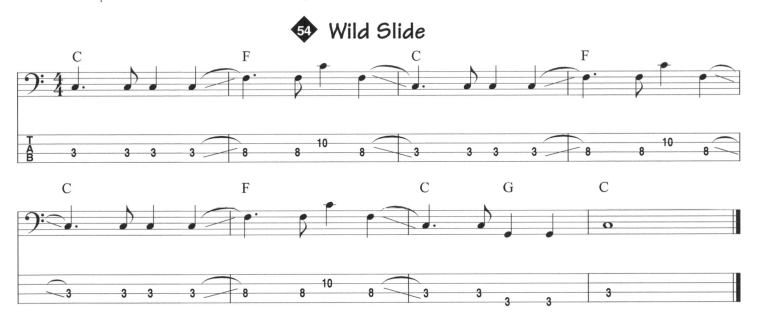

A veces, los arrastres se notan con una línea corta antes o después de la nota. Además, esto te da la dirección para el arrastre (hacia arriba o abajo), hacia o desde una nota, pero el largo del arrastre no es exacto. Usualmente, esto significa arrastrarse uno o dos trastes.

◆55 ¡Desliza esto!

Anacrusa y deslizamiento ...

Un efecto realmente lindo es usar un arrastre como anacrusa al comienzo de una canción. Por ejemplo, comienza una quinta arriba de tu primer nota de la canción y haz un arrastre hacia ella un tiempo antes del comienzo de la canción (como si hubiera un compás incompleto de un tiempo). Cuenta "1, 2, 3, arrastra" y toca la canción. La pista 56 es un buen ejemplo:

◆56 Pick You Up

Percutir con los dedos

… se parece a esto:

¡De nuevo, exactamente como suena! Se levanta la primera nota, luego se usa otro dedo para "percutir" y presionar el traste de la segunda nota (más aguda) en la misma cuerda.

NOTA: Sólo puedes percutir "hacia arriba" desde una nota más grave a una nota más aguda.

CONSEJO PARA TOCAR: Si percutes demasiado fuerte, te dolerán las yemas de los dedos; si lo haces demasiado suave, no se escuchará nada. Practica y practica un poco más hasta que creas que lo lograste.

57 Hammer Jam

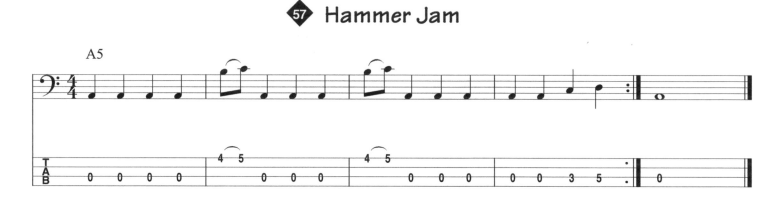

58 Frightful

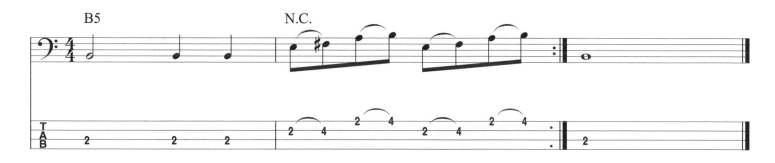

... se parece a esto:

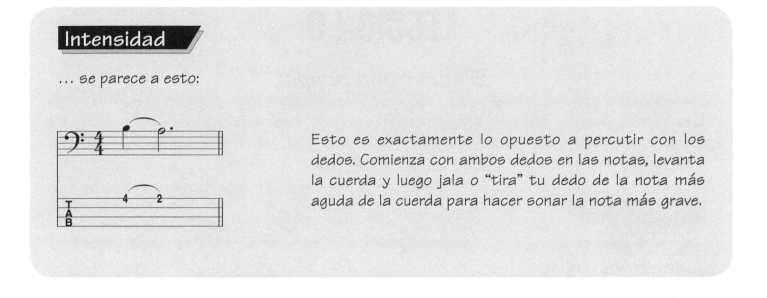

Esto es exactamente lo opuesto a percutir con los dedos. Comienza con ambos dedos en las notas, levanta la cuerda y luego jala o "tira" tu dedo de la nota más aguda de la cuerda para hacer sonar la nota más grave.

Escucha y practica un riff corto ...

59 Push and Pull

60 Steady-Pullin' Groove

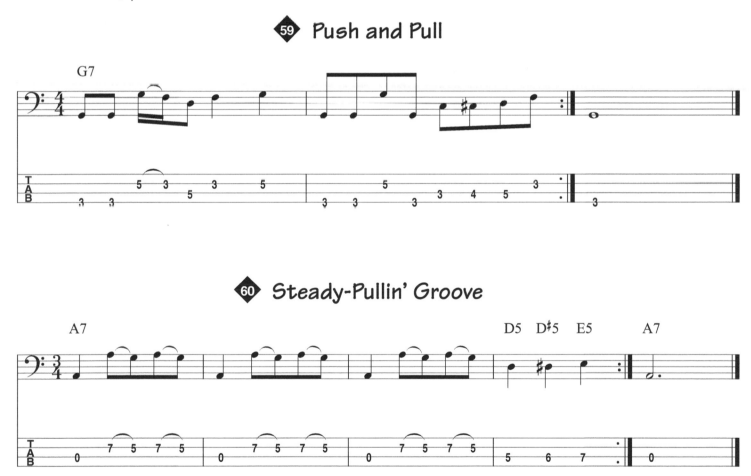

NOTA: En teoría, podría ser exactamente lo opuesto a percutir con los dedos, pero es una técnica completamente diferente. Ten paciencia y asegúrate de practicar esto muy bien.

LECCIÓN 9

Slappin' and poppin'

Las técnicas slap y pop son ideales para agregar un "sonido de percusión" a tu música (¡¿decimos de tocar sólo con el baterista!?) La música funk, pop, soul, rock, y fusión utilizan **slap** y **pop** para darle más sabor al sonido y al ritmo. Además, puedes …

Slap

… se parece a esto:

Toca o "golpea" la cuerda con el lateral de tu dedo pulgar (en la articulación), utilizando los movimientos de tu muñeca, no de tu brazo. Deja que tu pulgar rebote inmediatamente (y rota tu muñeca) para dejar que la nota siga sonando.

☞ CONSEJO PARA TOCAR: Como se muestra en la foto de arriba, golpea la cuerda al final del diapasón.

Para principiantes, practica golpear corcheas sobre las cuerdas de aire.

61 All Thumbs

62 Slap This!

No te sientas frustrado. Obtener un buen sonido de slap requiere mucha práctica.

63 Funky

Lo que sigue combina golpes con el dedo pulgar y notas con los dedos.

64 Thumbs Down

Pop

... se parece a esto:

Tira o "haz sonar" la cuerda del diapasón con tu dedo índice o medio. Este es otro sonido de percusión, discordante. Al liberar, la cuerda naturalmente volverá a su posición en el bajo y dejará de sonar.

☞ CONSEJO PARA TOCAR: Mantén tus dedos de la mano derecha curvos y en posición para tocar pop. Además, gira tu muñeca, no tu brazo, a medida que tiras la cuerda.

65 Snap, Crackle, Pop

Aquí tienes tres ejemplos que combinan slap y pop (¡no te lastimes!) ...

66 ♦ Poppin' Octaves

67 ♦ Slap Bass

68 ♦ Slap-Pop Groove

Tómalo con cuidado ...

Si todavía no lo descifraste bien, aquí tienes tres consejos:

 No golpees demasiado fuerte, ¡las cuerdas del bajo son más duras que la piel de tu pulgar!

No toques demasiado fuerte, ¡saldrás derecho a comprar una cuerda nueva!

 ¡No golpees a tus compañeros de banda!

> **D**espués de tanto golpear y tocar, puedes sentirte un tanto "tenso" ...
> ¡indiscutiblemente es hora de otro descanso!

LECCIÓN 10

¡Tienes estilo!

La manera en que tocas algo es tan o más importante de lo que vas a tocar. En esta lección, te mostraremos algunos de los estilos más comunes que se usan en la música de hoy. Puedes aplicar estos estilos a casi cualquier canción.

A medida que presentamos cada estilo, notarás cómo cambian los siguientes elementos musicales:

1 Progresión de acordes

2 Pulso rítmico

3 Elección de la nota

Rock 'n' Roll

La música rock viene en muchos estilos—classic rock, blues rock, easy rock, hard rock, heavy metal. Sus orígenes datan de los años 50 con leyendas como Elvis Presley, Jerry Lee Lewis y The Beatles. La pista 69 es un ejemplo del rock 'n' roll de los años 50. Escucha y luego toca:

69 Golden Oldies

A medida que fueron pasando las décadas, la música rock se transformó en una base de sonido más fuerte, mostrado en la música de Led Zeppelin, Van Halen, y Metallica. Los siguientes ejemplos imitan un estilo de hard rock y heavy metal:

70 Rock Solid

71 Dark Metal

72 Glam Rock

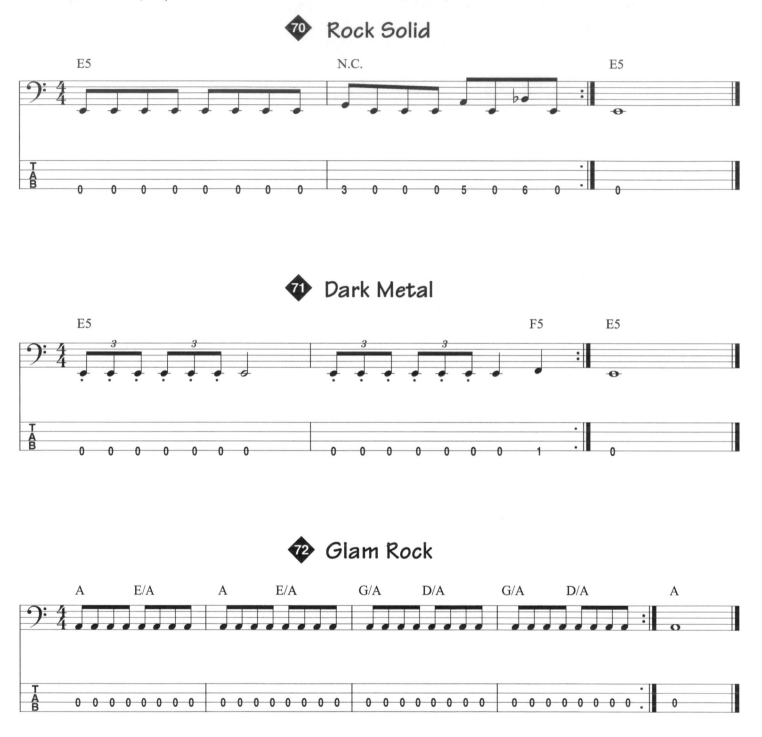

El pop (la abreviatura de "popular") abarca un amplio espectro de la música. A veces llamado "contemporáneo adulto", este estilo es utilizado por artistas como Whitney Houston, Sting, y Mariah Carey. Este estilo es particularmente muy melódico y emplea progresiones de acordes comunes, como los siguientes ejemplos:

73 Top 40 Ballad

74 Pop-Rock Bass

En los años 90, bandas como Nirvana, Pearl Jam, y Soundgarden hicieron muy popular un nuevo estilo de música rock. El Alternative (o "Grunge") rock no tiene reglas con respecto a la progresión de los acordes o el ritmo, ¡todo vale! Sin embargo, los siguientes ejemplos son sonidos comunes a este estilo:

75 Chain-link

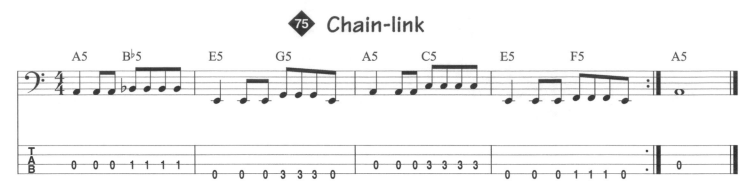

76 Just a Slice

R&B es la abreviatura de "ritmo y blues". Algunas veces se lo denomina también "soul". Encontrarás este estilo en la música de Stevie Wonder, Marvin Gaye, The Temptations, y muchos otros.

77 Motown Groove

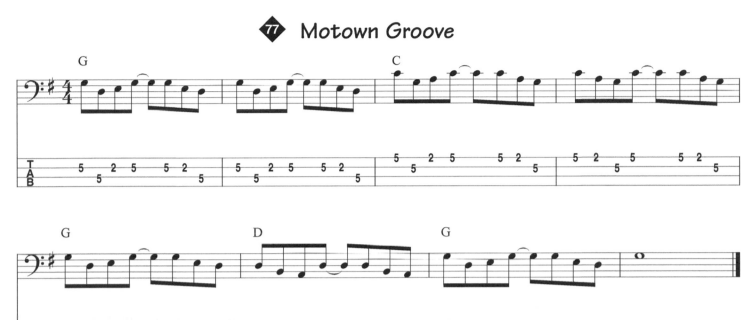

78 R&B Bass

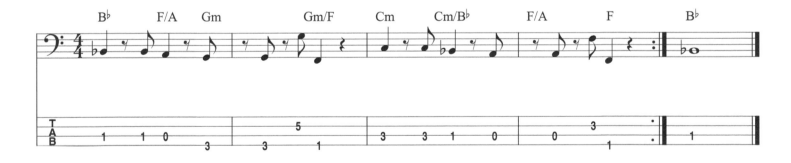

Reggae

El Reggae nació en la pequeña isla de Jamaica. Este estilo de música único, interpretado por legendarios como Bob Marley y Jimmy Cliff, ha tenido una gran influencia en la música de todo el mundo.

Observa el ritmo común utilizado en el estilo reggae, enfatizando los tiempos 2 y 4:

79 Caliente en el sol

80 Jamaican Me Crazy

El estilo Funk se puede encontrar desde R&B hasta pop y alternative. Escuchaste hablar de James Brown, Prince, Rick James y The Red Hot Chili Peppers, ¿no es así? Todos ellos han utilizado el estilo funk. Escucha todas estas tres bandas varias veces hasta que descubras la "sensación funky" …

NOTA: Las corcheas con puntillo están generalmente unidas a una semicorchea. Recuerda, el puntillo aumenta la midad del valor, entonces una corchea con puntillo equivale a la duración de tres semicorcheas. Este ritmo es muy común en el estilo funk.

81 Get Funky

82 Staccato Funk

Lo que sigue tiene algunos saltos grandes y percutir con los dedos, ¡tómalo con calma al principio!

83 Slap Happy

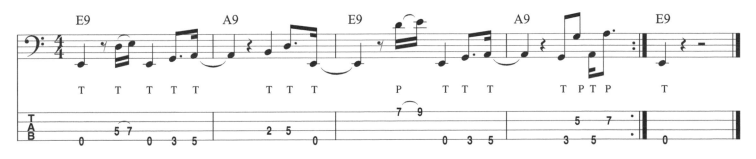

Un jazz original de América—se caracteriza por la improvisación, la compleja armonía de los acordes y una variedad de ritmos. Músicos como Duke Ellington, Charlie Parker y Miles Davis han tenido gran influencia en el jazz. Muchas variantes han surgido de este estilo, incluyendo swing, Dixieland, bebop, Latin-jazz y fusión.

En líneas generales, todo vale en el jazz. Sin embargo, existen algunos elementos comunes— por ejemplo, la **línea de bajo caminante** en la pista 84:

84 Walk on Over

El bossa nova utiliza muchas quintas y octavas:

85 Who's the Bossa Nova?

No nos olvidemos de nuestros amigos de Nashville—la música country existe desde antes del rock 'n' roll. Generalmente su forma es más simple y más "relajada", aunque muchos de los artistas actuales de country como Garth Brooks, Reba McEntire y Shania Twain incorporan algunos estilos de rock en su música.

Observa el uso pesado del movimiento de la quinta base en los siguientes dos ejemplos ...

86 Country Boy

87 Tennessee Rock

Digas lo que digas, ¡la música disco no morirá! Vino y se fue en los años 70, pero resurgió en los 90 como una importante influencia en la música disco de hoy. Este estilo indiscutiblemente único incorpora ritmos rápidos y líneas de bajo similares a las de este ejemplo:

88 Disco Daze

Hip-Hop

Un descendiente de la música rap, el estilo hip-hop está fuertemente influido por el reggae, R&B, funk, y (a veces) rock. Artistas como Snoop Doggy Dogg, TLC, Warren G, y muchos otros han convertido al hip-hop en un estilo de música de corriente dominante.

Ha de gustarte—es (casi) siempre pesado en la línea de bajo …

89 Don't Stop Hip-Hop

90 Lay Off!

LECCIÓN 11

Que la banda empiece a tocar ...

Al igual que en el primer libro, esta última sección no es una sección ... ¡vamos a improvisar en esta sección!

Todos los libros de **FastTrack** (guitarra, teclado, bajo, y batería) comparten la última sección. De esta manera, puedes tocar por sí solo junto con el audio o formar una banda con tus amigos.

Entonces, aunque la banda esté en el audio o en tu garage, comencemos el show ...

Improvisación en el sótano

A Intro

Moderate Rock/Shuffle

B Melodía

C Solo de órgano

D Interludio

Baja las luces

A Intro
Slow Rock ♩. = 58

𝄋 B Melodía

A la coda

¡Felicidades!
Estás preparado para las grandes ligas...

UN REGALO DE DESPEDIDA

(... ¡es lo menos que podemos hacer!)

Esperamos que utilices todo el libro como referencia, pero esto ya es una tradición, una "hoja que resume todo" con todas las notas y formas de arpegio que aprendiste. ¡No te olvides de practicar con frecuencia!

Las notas de la quinta posición:

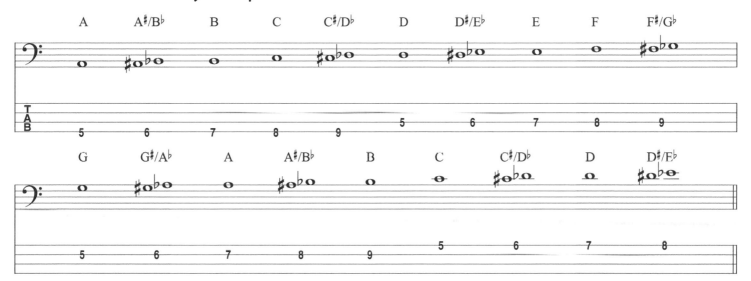

Formas de arpegio móviles:

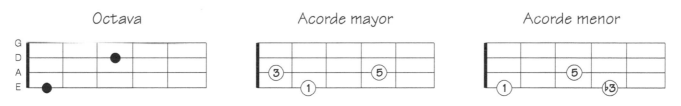

Octava   Acorde mayor   Acorde menor

¿Y ahora?

Has comenzado a ser un maestro del bajo en muy poco tiempo, pero ¿qué haces ahora?

 Practica, practica, practica. ¿Qué más podemos decirte sino que practiques todos los días?

 Escucha todo. Enciende tu radio, TV, reproductor de CD, estéreo, algo de donde salga música. Aprende las líneas de bajo que te gusten, ya sea de oído o con el pentagrama.

 Compra los **FastTrack Bass Songbooks 1 & 2** que contengan canciones con arreglos de rock de artistas como Eric Clapton, Elton John, The Beatles y muchos más.

 Disfruta lo que haces. Si no disfrutas lo que haces, no tiene sentido hacerlo.

Hasta luego, por ahora ...

ÍNDICE DE CANCIONES
(... ¡tengo uno!)